D1134186

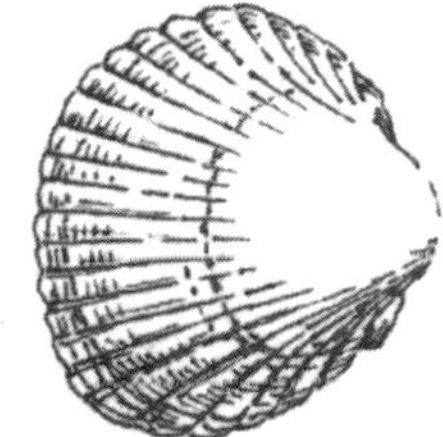

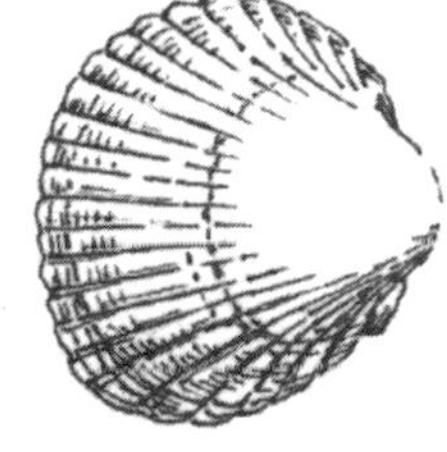

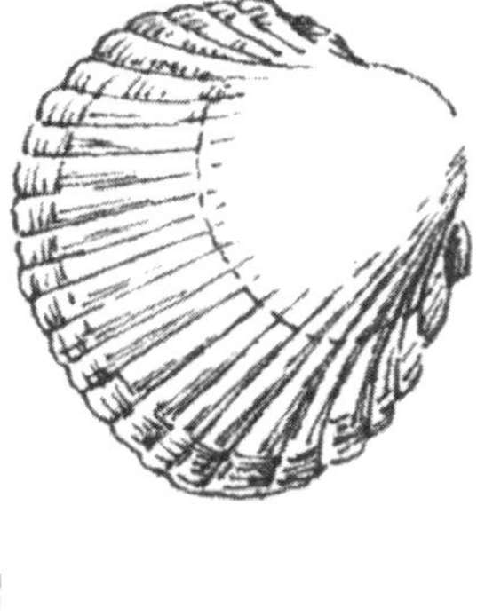

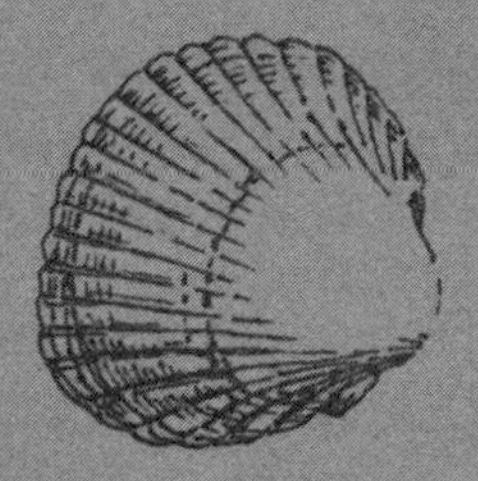

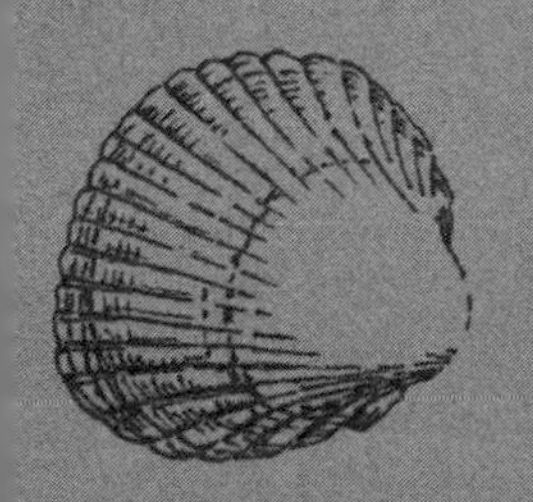

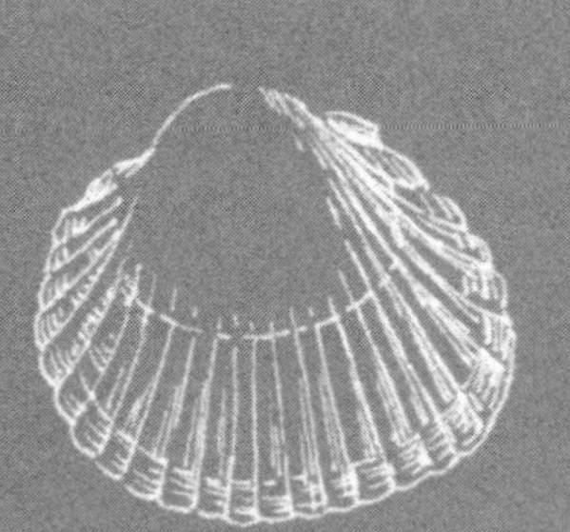

Waar is Sjakie?

Wil je meer weten over Lorna Minkman?
Kijk op www.lornaminkman.nl

Bij boeken in de Kokkel-reeks zijn zins- en woordlengte, AVI, lay-out, illustraties en inhoud aangepast aan de leeservaring en mogelijkheden van kinderen die graag spannende boeken lezen die niet te moeilijk zijn. Boeken in deze reeks zijn voorzien van de LAT, toegekend door KPC Groep te 's-Hertogenbosch, en het keurmerk van de Stichting Makkelijk Lezen.

Ook verschenen in de Kokkel-reeks:
Een schat in de Biesbosch / Casper Markesteijn (AVI 4, vanaf 9 jaar)
Storm in het bos / Casper Markesteijn (AVI 5, vanaf 9 jaar)
Eiland in zicht! / Elisabeth Mollema (AVI 4, vanaf 9 jaar)
Dure Rommel / Casper Markesteijn (AVI 5, vanaf 10 jaar)
Stoere Koos / Lorna Minkman (AVI 5, vanaf 9 jaar)
Juf vermist / Johan Struik (AVI 6, vanaf 11 jaar)
Ren, Vos! Ren! / Lizzy van Pelt (AVI 2, vanaf 9 jaar)
Stiekem op stap / Netty van Kaathoven (AVI 6, vanaf 11 jaar)

Lorna Minkman

Waar is Sjakie?

met tekeningen van
Marijke Munnik

Uitgeverij De Inktvis

Tekst: © 2006 Lorna Minkman
Tekeningen: © 2006 Marijke Munnik
Ontwerp Kokkel-logo: Marijke Munnik
Vormgeving: Hill van Walraven

NUR 286
ISBN 10 90 75689 45 4
ISBN 13 978 90 75689 45 7

Hoofdstukken

De korte rok

Ik sta voor de spiegel in mijn kamer.
Jeetje, mijn korte rok!
Ik draai me om en kijk over mijn schouder.
Hij zit veel te strak!
De stof knelt om mijn billen.
Heeft mama hem te heet gewassen?
Ik moet hem aan!
Mijn roze shirt staat er zo mooi op.
'Joehoe, Nina!', roept mijn moeder.
'Ben je klaar?'
'Neehee, anders was ik toch al lang beneden.'
'Wil je een boterham met pasta?'
Ik stamp op de vloer. 'Ik kom zo!'
Ik ga op mijn bed zitten en strik mijn ene schoen.
'Kggggg...' De rits van mijn rok scheurt open.
Ook dat nog!
Tranen springen in mijn ogen.
Waarom heb ik vandaag een pestbui?
Het zijn vast je hormonen, zegt mijn moeder altijd.
Hormonen? Wat zijn dat nou weer?
Kun je daar ruzie mee maken?

Ik wil geen ruzie.
Ook niet met Jet, mijn vriendin.
En ook niet met Omar, mijn beste vriend.
De hele klas denkt dat Omar en ik het 'aan' hebben.
Flauw zeg.
In groep zes mag je wel met een jongen afspreken.
En in groep zeven heet dat ineens verkering.
Stom! Het kan me niet schelen wat ze zeggen.
Behalve wat Jet zegt, want zij is mijn beste vriendin.
'Je hebt met Omar altijd de slappe lach', zegt ze.
En dat is waar, want met hem heb ik vette pret.
Mijn buik wiebelt als ik alleen al aan hem denk.
Meester Ruud wordt er stapelgek van.
Kan Nientje Giebel even de gang op, zegt hij dan.
Ik heet Nina, vandaar.

Sjakie

Ik trek mijn zwarte spijkerbroek aan.
Niet zeuren, Nien, zeg ik tegen mezelf.
Deze broek staat je ook goed.
Ik hang roze hartjes in mijn oorlellen.
Ik glimlach naar mezelf in de spiegel.
Ik ren de trap af en huppel door de gang.
In de keuken neem ik een hap brood.
'Gets, pasta! Wie heeft dat verzonnen?'
'Gisteren vond je het lekker', roept mijn moeder.
'Mama heeft gelijk', zegt mijn broertje Mick.
Ik kijk hem boos aan.
'Gisteren vond ik pasta wel lekker.
Vandaag niet!'
Ik eet het brood met een slok melk. 'Wllaagh!'
In de hoek van de keuken klinkt gerammel.
Mijn fret, een soort cavia met een lang lijf, wil
uit zijn kooi.
'Hé, Sjakie...', roep ik.
Ik open het deurtje en zet hem op schoot.
'Had jij ook van die vieze prut op je brood?'
Met zijn gitzwarte ogen kijkt Sjakie me aan.
Het zijn net glimmende knikkers.
Ik kriebel hem achter zijn oren.

Als een poes duwt hij zijn koppie tegen mijn hand.
'Mòk mòk mòk', mokt hij.
Zijn buik ronkt, zo lekker vindt hij het.
Als ik hem loslaat, schiet hij weg onder tafel.
Ik haal de twee bakjes uit zijn kooi.
Sjakie gaat rechtop staan en spitst zijn oren.
'Vanmiddag mag je los', zeg ik.
'Als Jet komt spelen.'
'Als je maar goed oppast', roept Mick.
'Hoezo?'
'Ik ben een schip van lego aan het bouwen.
Dat moet je eerst boven op de kast zetten.'
'Boeiend', zeg ik en aai Sjakie over zijn zachte witte rug.
Hij heeft korte zwarte voorpoten en scherpe nagels.
Zijn witte kop ziet eruit als een jong katje.
Dwars over zijn ogen loopt een zwarte streep.
Net alsof hij een zonnebril op heeft.
'Ik moet naar school, Sjaak', fluister ik. 'Tot straks.'
Ik til hem op.
Zijn haartjes kriebelen tegen mijn wang.
Ik leg hem terug in zijn hangmat.

Met zijn volle buik, de zonnebril op zijn hoofd,
ligt hij heerlijk te schommelen.
Alsof hij ligt te zonnen aan het Spaanse strand.

Domino Mali

‘Vandaag begint ons project’, zegt meester Ruud.
‘We gaan stenen bouwen voor Mali.’
Ik tik Omar, die voor me zit, op zijn rug.
Hij draait zich om en legt een vinger op zijn mond.
Ik schiet in de lach.
Jet, die naast hem zit, port hem in zijn zij.
‘Au!’, zegt Omar.
‘Ssst, stil nou’, sist ze.
Met haar donkere ogen kijkt ze mij aan.

Ik probeer weer op te letten.
Stenen bouwen voor Mali, denk ik.
Wat bedoelt meester Ruud daar nou mee?
Ik ben toch geen metselaar?
'Mali ligt in Afrika', vertelt hij.
'Het is een arm land.
Mensen hebben er niet veel te eten.
En de meeste kinderen kunnen niet naar school.'
'Daar wil ik ook wel wonen', roept Omar.
'Altijd vakantie, meester.'
De hele klas barst in lachen uit.
'In Afrika schijnt het hele jaar de zon', zeg ik.
'Daar is het zwembad altijd open.'
Meester Ruud wacht tot het stil is.
'Kunt u zwemmen, meester?', vraagt Jet.
'Hebt u een vette zwembroek?', roept Omar.
Meester Ruud klemt zijn lippen op elkaar.
Er klinkt nog een enkele lach, dan is het stil.
'Op school leer je lezen', zegt meester Ruud.
'En schrijven en rekenen.'
'Joepie…', fluister ik.
'Sssst, stil nou, Nina', zegt Jet.
'Dat heb je nodig', zegt meester Ruud.
'Dan kun je later een beroep kiezen.
En verdien je geld.'

Tjonge, jonge, hij lijkt mijn vader wel, denk ik.
Jos steekt zijn vinger op.
'Als je geld hebt, kun je ook eten kopen', zegt hij.
'Is er wel eten in Mali?', vraagt Omar.
'Niet zo slijmen, bolleboos', zegt Jet.
'Dat is een goede vraag, Omar', zegt meester Ruud.
'Tssss', sis ik en trek aan Jets paardenstaart.
Ze draait zich om en steekt haar tong uit.
'Alle dagen vakantie lijkt leuk', zegt meester Ruud.
'Maar als je honger hebt, is er geen klap aan.'
'Daar kunnen wij toch niets aan doen?', vraag ik.
'Waaraan?'
'Dat ze in Mali geen eten hebben.'
'Jawel, we kunnen geld sturen.
En van dat geld kunnen ze een school bouwen.
Met ons project Domino Mali gaan we geld verdienen.
We gaan dominostenen zetten', zegt meester Ruud.
'Net als op tv?', vraagt Jos.
'Ja, in vier dagen zetten we de hele gymzaal vol.
En op vrijdag laten we alle stenen omvallen.'

Voor elke steen die omvalt, verdient de klas één cent.'
'Eén cent maar?', vraag ik.
Omar draait zich om: 'Honderd stenen is al één euro!'
Jet kijkt om en rolt met haar ogen.
'Wat kan die Omar goed rekenen, hè?', zegt ze.
Ik proest het uit.
'Gisteren heb ik de fabriek gebeld', zegt meester Ruud.
'Welke fabriek?', vraagt Omar.
'Die domino maakt.
Ze steunen de actie en sturen 50.000 stenen!'
De hele klas juicht.
'Morgen gaan we beginnen.
En op vrijdag komt de burgemeester.'
'Wauw, de burgemeester', zegt Omar.
'Dat is ook maar een gewoon mens, hoor', zeg ik.
'En ze betaalt mee', zegt meester Ruud.
'Eén cent voor elke steen die omvalt.'

Omar en Jet

Na school loop ik met Jet naar huis.
‘Wie doet er nou aan domino’, zeg ik.
‘Ja, saai’, zegt Jet.
‘Weet de meester niks anders?’
‘Wat dan?’, vraagt ze.
‘Een modeshow of zo’, zeg ik.
Als een fotomodel loop ik over de stoep.
Ik draai met mijn heupen en tover een glimlach op mijn gezicht.
‘Vertel eens, Jet, welke kleren heb ik aan?’
‘Oké, oké…’ Jet gaat rechtop staan.
Haar vuist brengt ze als microfoon naar haar mond.
‘En…, dames en heren’, zegt ze.
‘Dit is onze Nina.
Ze ontwerpt haar eigen kleding.’
Ik neem swingende stappen.
Ik lach en doe alsof het publiek naar me kijkt.
Ik wiebel met mijn billen.
Ik draai me om en waggel terug naar Jet.
‘Nina heeft een roze blouse aan’, zegt ze.
Blouse spreekt ze uit als: “bloezzze”.
‘En haar riem komt uit Mali.’

Ik kijk haar verbaasd aan.
'Echt waar?', vraag ik.

Jet laat de microfoon zakken, ze kijkt heel ernstig.
'Ik ga vanmiddag oefenen', zegt ze.
'Oefenen?'
'Met domino.'
'Doe niet zo overdreven', zeg ik.
'Ik heb met Omar afgesproken', zegt Jet.
'Wat?!' Ik kijk haar strak aan.
Ze knikt en slaat haar ogen neer.
'Maar je hebt met mij afgesproken!', roep ik.
Jet loopt door.
Ze doet alsof ze mij niet meer hoort.

Ik ga achter haar aan en trek aan haar jas.
'Hé, ik vroeg je iets.'
'Nou en?'
'Wat nou en? Waarom ga je nu met Omar?
Je zou toch naar mij komen?'
'Omar wil met domino spelen, jij niet', zegt ze.
'Wie zegt dat ik dat niet wil.'
'Dat zeg je net zelf. Je vindt domino stom!'
'Heel erg stom!', roep ik.
'Nou dan!'
Ik blijf stokstijf staan.
Jet loopt langzaam door.

Wel duizend stenen

In de keuken kijk ik sip voor me uit.
‘Ben je zo moe, lief?’, vraagt mijn moeder.
‘Hmmm’, mompel ik.
‘Is dat een ja?’
‘Máhám…!’
‘Waar is Jet?’, vraagt ze.
‘Thuis.’
‘En Omar?’
‘Ook.’
‘Wilden ze niet met jou afspreken?’
‘Nee.’
‘Wat vreemd. Meestal…’
‘Máhám, ik wil er niet over praten.’
‘Oké’, zegt ze en gaat weg uit de keuken.
Gelukkig, denk ik en stop een stuk banaan in mijn mond.
Ik zucht en doe mijn ogen dicht.
Ik zie Omar en Jet.
Ze zitten samen op de grond en zetten stenen neer.
Een heel lange sliert, dwars door Omars kamer.
Eén voor één vallen ze om.
Ze lachen en juichen.

En dat allemaal zonder mij.
'Pffffff...'

Uit de hoek van de keuken klinkt gepiep.
Ik kijk op. Hé, Sjakie, denk ik.
Ik was je bijna vergeten.
'Mòk mòk mòk', mokt hij en wipt heen en weer.
Ik loop naar de kooi en trek het haakje los.
Met zijn neus duwt hij het deurtje open.
Hij springt lenig over mijn vingers.
'Kom, Sjaak, ik wil met je knuffelen.'
Maar hij sjeest de keuken uit en rent kriskras door de kamer.
'Sjaak, kom hier, gek beest!'
Als een wilde stuift hij onder de bank door.
Met een sierlijke sprong landt hij op de poef.
Dan verdwijnt hij onder de kast.
In een donker hoekje zie ik zijn zwarte zonnebril.
Sjakie staat stokstijf, als een spion.
Hij loert alle kanten op.
Ik sluip naar hem toe, maar vergeet de tafelpoot.
'Au! Mijn kleine teen! Stomme tafel!'

Sjakie heeft mij gehoord.
Hij neemt een aanloop en schiet onder tafel.
Dan trippelt hij in de richting van…
'Oh, nee! Daar mag je niet naartoe', gil ik.
'Daar staat Micks schip van lego.'
In een sprint ren ik erheen, maar Sjakie is mij voor.
Hij springt op de stoel.
Zijn koppie steekt net boven de tafel uit.
'Sjakie, nee! Die is van Mick!'
Hij hijst zichzelf de tafel op.
Zijn lange lijf kronkelt achter hem aan.
Zijn nagels tikken op het tafelblad.
'Mòk, mòk, mòk.'

Met zijn snuit geeft hij het schip een zetje.
Het schip schommelt van links naar rechts.
Alsof het midden in een woeste zee vaart.
Sjakies koppie beweegt heen en weer, net als het schip.
'Nee!'
Het schip deint nog één keer naar achter en dan…
Sjaak duikt er bovenop.
Met schip en al valt hij van de tafel.
De legostenen kletteren op de grond.

Nina 22

‘Wie heeft mijn schip kapot gemaakt?’, gilt
Mick de volgende ochtend.
Ik gris mijn jas van de kapstok en zoef langs
hem heen.
‘Ik kon er niets aan doen’, roep ik.
‘Het was Sjakic!’
En weg ben ik.
‘Maar, Nina, ik had nog zo…’, roept Mick.
Buiten draai ik me om.
Door de ruit kijk ik recht in zijn woeste ogen.

Vandaag beginnen we met bouwen.
Ik heb mijn gladde dansbroek aan.
Dan kan ik me goed bewegen.
En mijn haren zitten in een staart.
Hangen die tenminste niet voor mijn ogen.
Midden in de gymzaal staan twee grote stapels
dozen.
Het zijn er zeker vijftig.
Ze zitten vol met stenen.
De hele klas moet op een bank gaan zitten.
Onze schoenen staan buiten op de gang.
Ik zoek een plek ver weg van Omar en Jet.

Die zitten zo aan elkaar te plukken.
Ze lijken wel verliefd.
'Hoe weet ik straks welke stenen van mij zijn?', vraagt Omar.
'Nou, ik weet dat wel', zegt Jet.
'Die van jou vallen vrijdag allemaal om.
Dat hebben ze gisteren ook al gedaan.'
Ze lacht heel overdreven.
En Omar doet met haar mee.
Ik kijk gauw een andere kant op.

'Hebben jullie al geoefend?', vraagt meester Ruud.
Omar en Jet knikken.
'Dat is mooi. Dan zet ik jullie rechts in de hoek.
Daar komt een hoge toren.'
Ik slaak een diepe zucht.
Bah, wat is domino toch suf.
'Op de vloer staat je naam en een getal', zegt meester Ruud.
'Dat getal hoort bij een doos.'
Mijn ogen glijden over de groene vloer.
Ik zie alle namen behalve de mijne.
'Ik sta er niet bij', roep ik.

‘Jawel, hoor. Hoe kan ik Nientje Giebel nou vergeten?
Jouw naam staat links bij het raam.’
Ik kijk: er staat Nina 22 en…
Jeetje…
Naast 22 staat Jos.
En Jos… Tja, wat zal ik over hem zeggen.
Hij is… Ik ga nooit met hem om.
Hij is nogal kinderachtig.
Op het plein speelt hij nog tikkertje.
En hij zit bij schaken.
Een beetje vent zit op voetbal of tennis, toch?
Nou ja…
Niet zo flauw doen, Nien, zeg ik tegen mezelf.
Misschien is hij wel goed in domino.

Het stadhuis

Jos durft mij niet aan te kijken.
Als ik glimlach, valt doos 22 uit zijn handen.
De stenen vliegen alle kanten op.
Hij krijgt een rood hoofd.
Ik schiet in de lach en raap ze allemaal op.

'Ik heb een plan, Nina', zegt Jos even later.
Met krijt tekent hij een rechthoek op de vloer.
'Ik wil het stadhuis nabouwen', zegt hij.
'Het stadhuis?'
'Ja, als de burgemeester dat ziet...'
'Wat slim! Maar is dat niet moeilijk?'
'Ik heb het al getekend', zegt Jos verlegen.
Uit zijn broekzak trekt hij een stuk papier.
'Zullen we dit gaan bouwen?', fluistert hij.
Ik kijk hem aan. Die Jos is echt goed in domino!
Hij heeft dezelfde pretogen als Mick.
'Tuurlijk! Zeg maar wat ik moet doen.'
We duiken omlaag, met onze hoofden boven de tekening.
Als ik naar rechts kijk, zie ik een jaloerse blik van Jet.
'Kom, we gaan beginnen', zeg ik.

Het is muisstil in de gymzaal.
Meester Ruud loopt rond op zijn rode sokken.
Ik heb al een rij van één meter gemaakt.
'Kijk eens', roep ik trots en sta op.
Maar ik glijd uit en stoot per ongeluk mijn rij omver.

‘Rrrrrrrrrrrrrrrrr…’, galmt het door de hele zaal.
‘Oh…’ fluister ik.
Ik hoor zacht gelach.
Dan duiken alle hoofden weer omlaag.
‘Je moet af en toe een steen dwars zetten’, fluistert Jos.
‘Waarom?’
‘Als ze dan omvallen, gaan ze niet allemaal.’
Ik gluur naar Omar en Jet.
Ze zijn al veel verder.
Omar zet een steen op een soort trap.
‘We moeten van ze winnen’, zeg ik tegen Jos.
‘Van wie?’
‘Van Omar en Jet.’
‘Waarom?’
‘Daarom.’

De tekening

Om drie uur sluipen we op onze tenen de gym-
zaal uit.
Alsof we de stenen niet wakker mogen maken.
Als meester Ruud de deur sluit, begint iedereen
te joelen.
Door een ruit naast de deur, kijk ik de zaal in.
De grond ligt bezaaid met hoopjes stenen.
Rode, blauwe, groenc,
gele, witte en zwarte.
In elke hoek staat het
begin van een mooi
bouwwerk.
Langs de kanten staan
lange gekleurde slierten.
Allemaal rechtop.

‘Wat maken jullie?’,
vraagt Jet op het schoolplein.
‘Dat is geheim’, zeg ik.
‘Wij hebben een geheime opdracht. Hè, Jos?’
‘Doe niet zo flauw’, zegt Omar.
Jos haalt zijn schouders op en loopt door.
‘Ga je met ons mee, Nien?’, vraagt Omar.

‘Met Jet en jou, bedoel je?’
‘Ja, kunnen we samen oefenen.’
‘Oefenen?’, vraag ik. ‘Waarmee?’
‘Hoe je stenen omhoog moet zetten’, zegt Jet.
‘Het is best moeilijk’, vult Omar aan.
‘Ach, als je maar een goede tekening hebt’,
antwoord ik.
‘Een goede tekening? Waarvan?’
‘Van het bouwwerk natuurlijk.
Je moet toch weten hoe het eruit gaat zien.
Hebben jullie geen tekening?’
De mond van Jet valt open.
‘Echt niet?’, roep ik.
‘Als je een huis bouwt, heb je toch ook een
tekening nodig.’
Ik huppel over de stoep naar huis.
Zo, die heb ik mooi te pakken, denk ik.
Ik hoop dat ze zich vanmiddag suf tekenen.
Ben ik blij dat ik samen met Jos mag bouwen.
Ik vind domino ineens heel vet.
Ik ga me opgeven voor het echte domino.
Kom ik volgend jaar op tv. Bij domino day!

Als ik vlak bij huis ben, krijg ik een stomp in
mijn rug.

‘Au!’ roep ik en draai me om.
Het is Mick.
Hij balt zijn vuisten.
‘Wat is er met jou aan de hand?’
Hij schopt mij.
Ik duw hem van me af.
‘Hé, ik ben je grote zus, hoor.’
‘Kan me niets schelen!’
Zijn gezicht loopt rood aan.
‘Je hebt mijn schip kapot gemaakt.’
‘Dat was Sjakie, niet ik.’
‘Klets niet’, roept Mick.
Hij veegt een traan weg.
‘Ik moet helemaal opnieuw beginnen!’,
schreeuwt hij.
‘Pffffff…’ zucht ik als hij wegrent.
Wat heb ik veel ruzie deze week, zeg.
Met Jet, met Omar en nou ook nog met Mick.
Tjonge, jonge…
En het zijn niet eens mijn hormonen.

Deksel

‘Waar is mijn roze jasje?’, vraag ik op donderdag.
‘Waar je het zelf hebt laten vallen’, zegt mijn moeder.
‘Doe niet zo flauw, mam.’
‘Nina, ik ruim jouw troep niet meer op.
Wie weet heeft Sjakie er in geslapen.
Dat beest loopt hier maar los in huis.
‘Máhám…! Ik moet over twee minuten naar school.’

Ik kijk overal. Waar kan mijn jasje liggen?
Het heeft een zachte capuchon, afgezet met wit bont.
Het hangt niet aan de kapstok.
Ik sjees de kamer in en kijk onder de bank.
Ik zwaai wild met de kussens.
Dan zie ik het liggen.
Ik trek het aan en haast me naar buiten.
Boven gaat het raam open.
‘Heb je Sjakie in zijn kooi gezet?’, vraagt mijn moeder.
Ik sla een hand voor mijn mond.

‘Oh, vergeten! Wil jij het doen?’
Ik kijk haar smekend aan.
‘Waar is dat beest?’, vraagt ze.
‘Kijk eens in de bak met lego’, zeg ik.

Onderweg tikt er iemand op mijn rug.
‘Hé!’ Ik kijk om, maar ik zie niemand…
Wie houdt mij voor de gek?
Ik trck aan mijn jasje.
Hct zit niet meer zo lekker.
De capuchon bungelt zwaar tegen mijn rug.

In de gymzaal pak ik een steentje en zet het naast de andere.
Ik heb pijn in mijn rug van het lange zitten.
Mijn vingers beginnen te trillen.
Ik heb het ook warm, maar deze rij maak ik af.
Ook bij Jos glimt zweet op zijn voorhoofd.
Ik kijk opzij, naar Omar en Jet.
Jet voelt dat ik naar haar kijk.
Ze steekt haar tong uit.
Bah, flauw kind, denk ik en buig me voorover.

In mijn ene ooghoek zie ik iets bewegen.
Wat is het?

Ik kijk naar de stapel lege dozen.
Verschuift er een doos?
Wipt één van de deksels omhoog?
Ik wrijf in mijn ogen en ga verder met bouwen.
Het zal wel aan mij liggen, denk ik.
Maar na vijf minuten zie ik weer iets bewegen.
Ik ben helemaal niet gek, denk ik.
Dat deksel wiebelt echt!
Er zit iets in, maar wat?
Ik kijk om me heen.
De anderen hebben niets in de gaten.
Ik knipper met mijn ogen en kijk nog een keer.
Het bovenste deksel gaat heel langzaam
omhoog.
Alsof iemand uit de doos wil ontsnappen.
Maar wie?
Mijn hart bonst tegen mijn roze shirt aan.
Het is toch geen beest?
Stel je voor dat die hier ontsnapt!
Ik blijf kijken en bijt op mijn lippen.
Onder de rand verschijnt een spitse snuit.
Is het een muis, of een rat? Getsie!
Ik hou mijn adem in en slaak een gil van
binnen.
Het is toch niet waar!

Ik kijk rond, maar niemand heeft iets in de gaten.

Ik durf niet te kijken, maar doe het toch.
De snuit duwt het deksel steeds verder omhoog.
Mijn mond valt open.
Nee, hè!
Ik zie een zonnebril, een zwarte!
‘Mók, mók, mók.’
Het is Sjakie, mijn Sjakie!
Hij kijkt mijn kant uit.

Rrrrrrrrrrrrrrrrrrrrrrrrrrrrrrr...

Er is maar één oplossing.
Sjakie móet in die doos blijven.
'Pssst...' Zacht stoot ik Jos aan.
'Wat?', fluistert hij.
Ik leg mijn vinger op mijn lippen en wijs naar de doos.
Jos kijkt die kant op
'Mók, mók, mók', mokt Sjakie alsof hij hem groet.
Jos zet grote ogen op en kijkt verschrikt naar mij.
'Wie? Hoe?', is het enige wat hij uit kan brengen.
'Sssst', zeg ik.
Ik hurk en geef Jos een zetje naar links.
'Jij van die kant, ik van deze kant', fluister ik.

'Alles goed, Nina?', vraagt meester Ruud.
'Prima, meester', zeg ik met een trillende stem.
Jos kijkt mij vragend aan.
'We sluiten hem in', zeg ik zacht.
Jos knikt en staat geruisloos op.
Ik sluip van rechts op Sjakie af, Jos van links.
'Wat doen jullie?', vraagt meester Ruud.
'Sssst', zeg ik.

Ik hoor de meester schrikken.
Hij moet Sjakie nu gezien hebben.
Jos en ik staan op drie meter afstand van de doos.
Hoe is hij binnen gekomen? denk ik.
Stap voor stap sluipen we dichter naar Sjakie.

'Ik schuif hem de doos in, jij duwt het deksel omlaag. Oké?'
'Oké!'
'Zet hem op, Nina', fluistert de meester achter mijn rug.
Ik kijk achterom.
De hele klas zit nu recht overeind.
Ze houden hun adem in.
'Het is Nina's fret', hoor ik iemand zeggen.
'Sssst!', sist meester Ruud.
We staan vlakbij, ik steek mijn hand uit.
Sjakie staat stil.
Met zijn stoere zwarte knikkers loert hij naar mij.
'Sjakie, lief beestje', fluister ik en glimlach.
Dan schiet zijn koppie naar Jos.
Dan weer terug naar mij.
Pak me maar, zegt hij met zijn ogen.

Ik neem een aanloop en duik naar voren.
Sjakie schrikt en gaat rechtop staan.
Zijn oortjes duwen het deksel omhoog.
Jos schrikt.
Hij glijdt uit en valt achterover.
Sjakie springt en buitelt als een acrobaat door de lucht.
Is het Jos?

Of is het Sjakie?
‘Rrrrrrrrrrrrrrrrrrrrrrrrrrrrrrrrrrrrrrrrr…’
Honderden stenen vallen om.
Er klinkt een harde gil.
‘Nee!’
Dan is het even stil.
‘Pak hem!’, schreeuwt de hele klas.
Sjakie rent als een razende langs de muur.
‘Zet de deur open!’, gilt Jet.
Meester Ruud rent erheen.

Is het meester Ruud, die uitglijdt?
Of is het Sjakie?
‘Rrrrrrrrrrrrrrrrrrrrrrrrrrrrrrrrrrrrrrrrr…’
Honderden stenen vallen om.
Sjakie schrikt van het geratel.
Met een vaart zoeft hij de gang op.

Waar is Sjakie?

'Die stomme fret van jou!', roept Jet.
'Je hebt het vast met opzet gedaan', zegt ze.
Ik schud mijn hoofd.
'Jet, doe niet zo lelijk', zegt meester Ruud.
'Ik ga de domino toch niet verpesten', zeg ik.
Omar kijkt me boos aan.
Hij gelooft me toch wel?
Jos raapt de omgevallen stenen op.
'De schade valt mee', zegt meester Ruud.
'Als we hard doorwerken, halen we dit wel in.'
'Ik heb geen zin meer', roept Jet.
De tranen rollen over mijn wangen.
'Ik kan er echt niks aan doen', roep ik.
'Wel waar', zegt Jet. 'Het is jouw fret!'
Ze loopt boos weg.

Ik ren naar de klas van Mick en klop op de deur. 'Juf, ik…'
Ik kijk de klas rond. 'Mick…?'
Mick kijkt me verbaasd aan.
'Heb jij Sjakie los gelaten in de gymzaal?', vraag ik.
'Ik…?' Hij schudt wild zijn hoofd.

‘Tuurlijk niet! Daar staat toch de domino.’
Ik doe de deur dicht.
Ik wil naar huis.
Waar is Sjakie?
De deur gaat weer open. Het is juf Paula.
‘Moeten wij je even helpen?’
Ik knik.
‘Kom kinderen!’, roept juf Paula.
‘We gaan Sjakie zoeken.’

‘Ik doe alle deuren dicht’, roept Mick. Hij rent weg.
Snel is de hele school aan het zoeken.
‘Misschien ligt hij bij gevonden voorwerpen’, roept een jongen.
‘Of in de keuken, bij de kaas’, zegt een meisje.
Meester Ruud bewaakt de gymzaal.
‘Kijk eens bij de lego’, hoor ik Mick roepen.
Ik lach door mijn tranen heen.

Sjakie wordt vast bang, denk ik.
Zou hij zich dan verstoppen?
Ik loop door de gang, de voordeur vliegt open.
Het is mijn moeder.
‘Doe de deur dicht’, gil ik.
Met een rood hoofd loopt ze op me af.
‘Sjakie is ontsnapt.’
‘Dat weet ik, hij is hier’, zeg ik.
‘Echt? Heb je hem…?’, vraagt mijn moeder.
‘Hij heeft met onze stenen gespeeld.’
Ze slaat een hand voor haar mond.
‘Oh, nee! Dat is mijn schuld.’
‘Zeg dat maar tegen Jet’, zeg ik.
‘Ik heb het raam open laten staan’, zegt mijn moeder.

‘Weet je nog? Toen jij naar school liep?
Hij glipte naar buiten en rende achter jou aan.
Ik riep je nog, maar je hoorde me niet meer.
Ik zag hoe hij tegen je opsprong.’
Ik kijk haar verbaasd aan.
‘Dat moet ik toch gevoeld hebben’, zeg ik.
Ik denk terug aan het moment dat ik naar school liep.
Er was iets met mijn roze jas. Met de capuchon.
Hij hing zo zwaar op mijn rug.
Ik kijk mijn moeder aan.
‘Wat?’, vraagt ze.
‘Mijn roze jasje’, roep ik.
En ik ren terug naar de gymzaal.
Het hangt nog aan de kapstok.
En de capuchon staat een beetje bol.
Hijgend komt mijn moeder achter me aan.
‘Weet je waar hij is?’, vraagt ze.
Ik wijs naar het jasje en proest het uit.
Daar, in mijn capuchon, ligt Sjakie te slapen.
Met de zonnebril op zijn snoet, een witte bontkraag in zijn nek.
Alsof hij na het skiën ligt uit te rusten in de sneeuw.

Bange burgemeester

Het is vrijdagmiddag.
In de gymzaal is het muisstil.
Onze hele klas rilt van de zenuwen.
Ik gaap. Jet begint ook te geeuwen.
We kijken elkaar aan en lachen.
We hebben de hele avond doorgewerkt.
Alle stenen staan weer rechtop.

En nu is het zover.
Alle andere klassen staan buiten.
Met hun neus tegen het raam.
De deur van de gymzaal gaat open.
De burgemeester komt binnen.
Ze knikt naar alle kinderen.
'Ben jij het meisje van die fret?', vraagt ze.
Ik knik verlegen.
'Wat een toestand, zeg.
Welke steen moet ik omduwen?', vraagt de burgemeester.
'Die in het midden', zegt meester Ruud.
'Waar die rode bol boven hangt?', vraagt ze.
'Wat een schattig ding, is dat speciaal voor domino?'

‘Het is een buidel’, zegt hij.
‘Een soort hangmat.
Speciaal voor vandaag gemaakt.’
Hij kijkt over zijn schouder en geeft mij een knipoog.
Meester Ruud pakt de buidel.
Hij aait over de stof.
Jet en ik proberen niet in de lach te schieten.
‘U moet de buidel een klein zetje geven’, zegt hij.
‘Zit er iets in?’ Ze kijkt benauwd.
Ze pakt de buidel vast en trekt een vies gezicht.
Ze duwt er zacht tegenaan.
‘Het beweegt’, roept ze als hij begint te slingeren.
‘En het stinkt.’
Ze snelt naar de kant.
De kleine hangmat bungelt van links naar rechts.
En komt steeds dichter bij de eerste steen.
Iedereen houdt zijn adem in.
‘Mók, mók, mók’, klinkt er uit de rode stof.
‘Wat is dat voor geluid?’, vraagt de burgemeester.
‘Het is toch niet die enge fret?’
Ik durf haar niet aan te kijken.
Ik staar naar de eerste steen.
Gaat hij al om?
Uit de hangmat steekt een spits snuitje.

‘Mók, mók, mók.’
‘Ja!’, gilt de hele klas.
De eerste steen is gevallen.
‘Rrrrrrrrrrrrrrrrrrrrrrrrrrrrrrrrrrrrrrrr…’
Iedereen juicht.
Behalve de burgemeester.

Daar gaat de hoge toren van Omar en Jet.
De hele klas klapt als hij omvalt.
De stenen rollen verder.
Nu gaat het stadhuis neer.
‘Kijk, burgemeester’, zeg ik.
‘Dat is het stadhuis.’
Omar slaat Jos op zijn schouder.
‘Hoe heb je dat toch voor elkaar gekregen?’, zegt hij.

De burgemeester kijkt alleen maar naar de hangmat.
‘Zit dat beest erin?’, vraagt ze.
Ik knik. ‘Hij heet Sjakie.’
‘Echt?’ Ze schrikt. ‘Ik ben bang…
Ik ben bang van muizen.
En ook van eh…Sjakies.’
Ze gaat boven op de bank staan.

‘Heeft hij scherpe tanden?’
‘Hij doet niks, hoor’, zeg ik.
‘Rrrrrrrrrrrrrrrrrrrrrrrrrrrrrrrrrrrrrrrrrrrrrrrrrrrrrrrrrr…’
De stenen ratelen, de laatste vallen om.
Dan is het stil.
De hele klas steekt de handen in de lucht.
Op het plein klinkt een luid gejuich.
De klas begint te joelen.

De burgemeester holt de gymzaal uit.
Ik loop naar het midden van de zaal.
De hangmat wiegt nog zacht heen en weer.
En Sjakie…?
Die slaapt weer.
Wat ben ik blij dat ik hem mee naar huis kan nemen.
Ik aai hem over zijn koppie.
En geef hem een dikke zoen op zijn vacht.

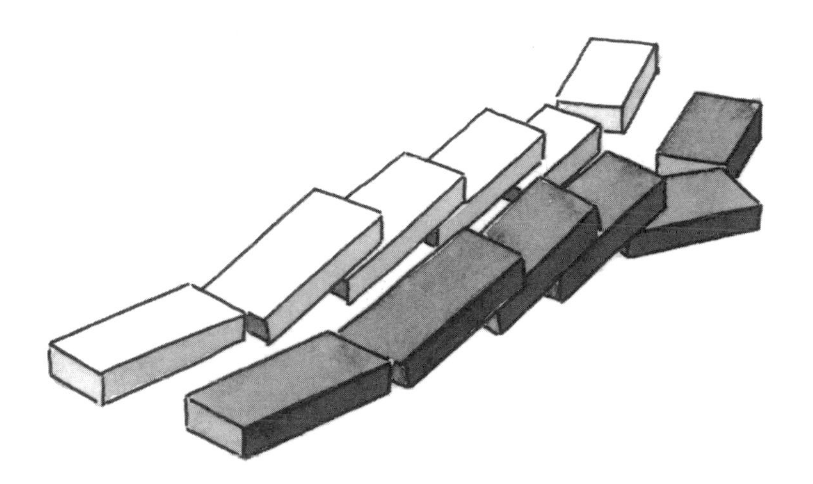

Tien weetjes over de fret

- De fret is een roofdier.
  Net als de bunzing.
  Daar stamt de fret van af.

- Nu is de fret een huisdier.
  Vroeger niet.
  Toen werd de fret gebruikt voor de jacht.

- Bij de fretten heet het mannetje ram.
  Het vrouwtje noemen ze moertje.

- Een baby zit ongeveer 280 dagen in de buik
  van zijn moeder.
  Bij een fret duurt dat maar 42 dagen!

- Een fret heeft ook melktanden.
  Maar die vallen er na een paar weken al uit.
  Bij een mens is dat pas na vijf jaar!

- Een fret kan beter niet alleen zijn.
  Dan is hij veel te ondeugend.
  Dus moet je er twee in een kooi zetten.

- Mok, mok, mok: dat geluid maakt een fret.
  Een fret is dan blij.
  Als jij mokt, ben je juist boos.

- Een fret slaapt niet graag op de grond.
  Hij hangt het liefst in de lucht.
  In een hangmat, net als Sjakie!

- Een fret draagt in de zomer een 'zonnebril'.
  In de winter niet.
  Dan krijgt hij een nieuwe vacht.
  En die is veel lichter.

- De voorkant van dit boek lijkt op **De dame met de hermelijn**.
  Dat is een schilderij van Leonardo Da Vinci.
  Hij was schilder en uitvinder!
  En… dyslectisch!
  Niemand weet of het dier op het schilderij een hermelijn was.
  Misschien was het wel een fret…

Wil je meer weten over de fret? Kijk dan op:

- **www.frettenpret.nl**: een site speciaal voor kinderen.
  Handig voor je werkstuk of spreekbeurt over de fret!
- **www.frettiggestoord.nl**: site van de fretten-vereniging Frettig gestoord.
- **www.frettenclub.nl**: site van Stichting De Nederlandse Frettenclub.
- **www.fret.nl**: site van Stichting De Fret.